बुरे पड़ोसिया स कैसे निपटें

शिव प्रसाद बोस

ISBN 978-93-5610-237-8

Published in India 2022 by Pencil

Contributors:
Co-Author: Joy Bose

A brand of
One Point Six Technologies Pvt. Ltd.
123, Building J2, Shram Seva Premises,
Wadala Truck Terminal, Wadala (E)
Mumbai 400037, Maharashtra, INDIA
E connect@thepencilapp.com
W www.thepencilapp.com

DISCLAIMER: *The opinions expressed in this book are those of the authors and do not purport to reflect the views of the Publisher.*

Author biography

शिव प्रसाद बोस एक इलेक्ट्रिकल इंजीनियर होने के साथ-साथ कानून की किताबों के लेखक भी हैं। वह वर्तमान में उत्तर प्रदेश पावर कॉर्पोरेशन लिमिटेड में कई वर्षों की सेवा के बाद सेवानिवृत्त हैं। उन्होंने कोलकाता के जादवपुर विश्वविद्यालय से इंजीनियरिंग की डिग्री प्राप्त की और मेरठ विश्वविद्यालय, मेरठ से कानून की डिग्री प्राप्त की। उनकी रुचि परिवार कानून, नागरिक कानून, अनुबंधों के कानून और बिजली से संबंधित मुद्दों से संबंधित कानून के क्षेत्र में है।

CONTENTS

Preface

कहा जाता है कि हम हमेशा अपने पड़ोसी नहीं चुन सकते। कभी-कभी हमें पड़ोसियों का आशीर्वाद प्राप्त हो सकता है जिनके साथ हमारे अच्छे संबंध हैं और जो हमारी देखभाल करते हैं और एक अच्छा समुदाय बनाते हैं। दूसरी ओर, कभी-कभी हमें अप्रिय पड़ोसियों से निपटना पड़ सकता है जो हमें विभिन्न तरीकों से परेशान करते हैं।

इस पुस्तक में, हम पड़ोसियों के साथ इनमें से कुछ समस्याओं का अध्ययन करते हैं और चर्चा करते हैं कि ऐसी समस्याओं को हल करने के लिए क्या करना चाहिए और किससे संपर्क करना चाहिए। हम अधिक व्यावहारिक दृष्टिकोण अपनाते हैं और मुद्दों को ठीक करने के लिए व्यावहारिक कदमों पर ध्यान केंद्रित करते हैं। हालांकि, जहां उपलब्ध हो वहां हम समस्याओं के कानूनी समाधान पर भी चर्चा करते हैं।

यह आशा की जाती है कि यह पुस्तक पाठक को पड़ोसियों के साथ विवादों को सुलझाने के लिए एक सहायक मार्गदर्शिका प्रदान करेगी।

विभिन्न प्रकार की पड़ोसी समस्याएं

चाहे हम अपने पड़ोसियों को पसंद करें या उनसे नफरत करें, हम सभी के पास ऐसे पड़ोसी हैं जिन्हें हम नहीं चुनते हैं। जबकि अधिकांश लोग शांति से रह सकते हैं और अपने पड़ोसियों के साथ मित्रता कर सकते हैं, कभी-कभी हमारे पड़ोसियों के साथ विभिन्न मुद्दों पर समस्याएं और विवाद होते हैं, और हमें उनसे किसी न किसी तरह से निपटना पड़ता है।

इस अध्याय में, हम अपने पड़ोसियों के साथ कुछ मुख्य प्रकार की समस्याओं पर चर्चा करते हैं। हम संक्षेप में प्रत्येक प्रकार की समस्या और उन तरीकों पर चर्चा करते हैं जिनसे ये समस्याएं हमें प्रभावित करती हैं।

1.1 शोर और अशांति से संबंधित समस्याएं

हमारे पड़ोसियों द्वारा बनाई गई शोर और अन्य गड़बड़ी से संबंधित समस्याएं सबसे बड़ी पड़ोसी समस्याओं में से एक हैं। ये समस्याएं बहुत बार-बार और आम हो सकती हैं। पड़ोसी के घर में कोई पार्टी या उत्सव हो सकता है, जिसमें बहुत से लोग आते हैं और शोर देर रात तक जारी रहता है, जिससे किसी को चैन की नींद नहीं आती। पड़ोसियों के मेहमानों ने आगंतुकों के लिए उचित स्थान के बजाय अन्य लोगों के पार्किंग स्थलों में पार्क किया होगा। वे नशे में या उपद्रवी हो सकते हैं और विभिन्न तरीकों से उत्पीड़न का कारण बन सकते हैं। वे आम जगहों पर या सड़कों पर कचरा छोड़ सकते हैं। ये सभी कार्य स्वयं पड़ोसियों, उनके किराएदारों या उनके बच्चों के साथ-साथ उनके मेहमानों द्वारा भी किए जा सकते हैं।

1.2 संपत्ति से संबंधित समस्याएं और अतिचार या कब्ज़ा करना

कुछ पड़ोसी आपकी संपत्ति पर अतिक्रमण करने के इच्छुक हो सकते हैं, और इसलिए आपकी संपत्ति पर अवैध चारदीवारी का निर्माण कर सकते हैं। या वे दरवाजे या ताले लगा सकते हैं जिससे आपके लिए अपनी संपत्ति तक पहुंचना मुश्किल हो जाता है। कुछ वर्षों में अगर अनियंत्रित किया जाता है, तो वे

धीरे-धीरे बगीचे या गैर-आवासीय क्षेत्रों में अतिचार कर सकते हैं जब तक कि पूरे क्षेत्र पर कब्जा नहीं कर लिया जाता।

एक अन्य समस्या यह हो सकती है कि पड़ोसी आपकी संपत्ति को नुकसान पहुंचा सकते हैं, जैसे पेड़ों को काटकर, बगीचों को नुकसान पहुंचाकर, मौजूदा चारदीवारी को नुकसान पहुंचाना या उनके निर्माण कार्य से आपकी संपत्ति को नुकसान पहुंचाना।

1.3 बिजली और पानी जैसी उपयोगिताओं से संबंधित समस्याएं

कुछ मामलों में, पड़ोसी बिजली, पानी या इंटरनेट कनेक्शन जैसी उपयोगिताओं की चोरी कर सकते हैं। उदाहरण के लिए, बिजली की आपूर्ति को अवैध रूप से डायवर्ट करने के लिए गुप्त रूप से तार लगाकर बिजली चोरी की जा सकती है। इससे आपको भारी बिलों का सामना करना पड़ सकता है जबकि पड़ोसी को आपकी कीमत पर चोरी हुई मुफ्त बिजली मिलती है।

पानी के लिए भी यही सच हो सकता है: पड़ोसी ने शहर या नगरपालिका अधिकारियों द्वारा उपलब्ध कराए गए पानी के प्रवाह को मोड़ने के लिए एक पाइप या कोई अन्य तंत्र का

निर्माण किया होगा। फिर से, आपको पानी का पूरा बिल देना होगा, जबकि पड़ोसी मुफ्त में चोरी किए गए पानी का आनंद लेंगे।

उपयोगिताओं की यह चोरी अन्य उपयोगिताओं जैसे केबल टीवी, इंटरनेट आदि के लिए भी सही हो सकती है। उदाहरण के लिए, पड़ोसी आपका वाई-फाई पासवर्ड हैक कर सकते हैं और आपके खर्च पर मुफ्त इंटरनेट का आनंद ले सकते हैं।

1.4 हाउसिंग कॉलोनियों और गेटेड समुदायों में फ्लैट और अपार्टमेंट से संबंधित समस्याएं

हाउसिंग सोसाइटियों या फ्लैट कॉम्प्लेक्स में, कई लोग निकटता में रह सकते हैं। यह अनूठी समस्याएं पेश कर सकता है। उदाहरण के लिए, दीवारें इतनी पतली हो सकती हैं कि पड़ोसियों के रोजमर्रा के सामान्य शोर को भी छान न सकें। यह आपके मन की शांति भंग कर सकता है। आगंतुकों की पार्किंग या कॉमन रूम या खेल क्षेत्र जैसी साझा सुविधाओं में समस्याएँ हो सकती हैं।

1.5 स्वतंत्र मकान या विला से संबंधित समस्याएं

स्वतंत्र घरों या विला में रहने वाले लोगों को अपने पड़ोसियों से अलग तरह की समस्याओं का सामना करना पड़ सकता है। आम समस्याओं में सीमा और पार्किंग की समस्याएं शामिल हो सकती हैं। उदाहरण के लिए, एक पड़ोसी ने उनके स्थान पर अतिक्रमण किया हो या चारदीवारी या अन्य अवैध निर्माण का निर्माण किया हो।

1.6 हाउसिंग एसोसिएशन या रेजिडेंट वेलफेयर एसोसिएशन (RWA) से संबंधित समस्याएं

हाउसिंग एसोसिएशन या रेजिडेंट वेलफेयर एसोसिएशन (RWA) सहकारी समितियां हैं जो एक निश्चित आवासीय परिसर जैसे कॉलोनी, फ्लैटों के ब्लॉक, विला के ब्लॉक या स्वतंत्र घरों की देखभाल करती हैं। ऐसे आवास संघों और उनके प्रबंधन द्वारा कई प्रकार की समस्याएं हो सकती हैं, जैसे कि निम्नलिखित:

- निवासियों के मेहमानों पर अनावश्यक प्रतिबंध लगाना।

- इस पर भेदभावपूर्ण प्रतिबंध लगाना कि क्या मालिकों को अपने फ्लैट किराए पर रखने की अनुमति है, और किस तरह के लोगों को किराए पर दिया जा सकता है।

- निवासियों से एकत्र किए गए रखरखाव के लिए धन के प्रबंधन में भ्रष्टाचार।

- निवासियों और किरायेदारों पर अतिरिक्त और मनमानी फीस और शुल्क लगाना।

- कुछ निवासियों के लिए मनोरंजन कक्ष या बैठक कक्ष और खेल के मैदान जैसी सामान्य सुविधाओं के उपयोग से इनकार।

- सभी फ्लैटों के साथ समान व्यवहार नहीं करना बल्कि कुछ फ्लैटों के लिए प्राथमिक नीतियां बनाना जिनके मालिक राजनीतिक रूप से शक्तिशाली हैं।

1.7 हिंसा और धमकियों से संबंधित पड़ोसियों से समस्याएं

कुछ पड़ोसी उपद्रवी हो सकते हैं और हिंसा का कारण बन सकते हैं और धमकी दे सकते हैं। धमकी देने और परेशानी पैदा करने का उनका मुख्य उद्देश्य मालिकों को उनकी संपत्ति को सस्ते दर पर बेचने के लिए राजी करना हो सकता है, या बस

संपत्ति को छोड़ देना चाहिए ताकि वे इसे अवैध रूप से कब्जा कर सकें।

पड़ोसी आपके घरेलू नौकरों जैसे हाउस हेल्प, कुक और माली को भी धमका सकते हैं। या फिर, वे होम डिलीवरी या मेल जैसी सेवाओं तक पहुंच में बाधा डाल सकते हैं।

1.8 कीमती सामान की चोरी से संबंधित पड़ोसियों से परेशानी

यदि कोई दुर्भाग्यशाली है, तो उसके पड़ोसी (या उनके आगंतुक या किरायेदार) उनकी संपत्ति की छोटी-छोटी चोरी कर सकते हैं। चोरी की गई चीजें छोटी चीजें हो सकती हैं जिन्हें साझा क्षेत्रों में रखा जाता है, जैसे डाक मेल और समाचार पत्र। पड़ोसियों द्वारा चुराई गई वस्तुओं में लैपटॉप और अन्य कीमती सामान जैसे महंगे सामान भी शामिल हो सकते हैं।

1.9 पड़ोसियों से वरिष्ठ नागरिकों को हो रही परेशानी

वरिष्ठ नागरिक अक्सर अपने बड़े बेटे और बेटियों से दूर अकेले और दूर रहते हैं। इसलिए पड़ोसियों द्वारा उन्हें नरम या कमजोर लक्ष्य के रूप में माना जा सकता है।

वरिष्ठ नागरिकों को उनके पड़ोसियों द्वारा परेशान करने के कई मामले हो सकते हैं, जो विभिन्न उद्देश्यों से उत्पन्न होते हैं, जैसे कि उनकी संपत्ति छीनना या उन्हें संपत्ति को सस्ते में बेचने या बेचने के लिए धमकाना और परेशान करना।

इसमें साधारण दैनिक कार्य करते समय रुकावटें और उत्पीड़न भी शामिल हो सकते हैं। इसमें रसोइयों, नौकरानियों, नर्सों और माली सहित उन सहायकों का उत्पीड़न भी शामिल हो सकता है जिन पर वरिष्ठ नागरिक निर्भर हैं।

1.10 पड़ोसियों से महिलाओं को हो रही परेशानी

अकेले रहने वाली महिलाओं और कामकाजी महिलाओं को भी पड़ोसियों द्वारा कमजोर और नरम लक्ष्य के रूप में माना जा सकता है। सामान्य उत्पीड़न के अलावा, पड़ोसियों या उनके मेहमानों द्वारा यौन उत्पीड़न एक अतिरिक्त समस्या हो सकती है।

निम्नलिखित अध्यायों में, हम इन समस्याओं से निपटने के तरीकों और साधनों पर चर्चा करेंगे।

1.11 बच्चों से संबंधित पड़ोसियों से समस्या

ऐसी कई समस्याएं हैं जो हमारे अपने या पड़ोसियों के बच्चों के साथ हो सकती हैं। कभी-कभी, हमारे बच्चे पड़ोसियों के बच्चों के साथ असुरक्षित क्षेत्रों में खेलते समय चोटिल हो सकते हैं, जैसे कि छत पर या कीचड़ या फिसलन वाली जगह के पास। कई बार बच्चों के बीच लड़ाई भी हो सकती है और अपने ही बच्चों को चोट लग सकती है। पड़ोसियों के बच्चे हमारे बच्चों को धमका सकते हैं। कभी-कभी, पड़ोसी वयस्क हमारे बच्चों को डांट सकते हैं या चोट पहुँचा सकते हैं। कभी-कभी, पड़ोसी बच्चे खेलते समय हमारे पार्क किए गए वाहनों या अन्य संपत्ति को खरोंच छोड़ सकते हैं या नुकसान पहुंचा सकते हैं। इसी तरह, पड़ोसियों के बच्चे बहुत अधिक शोर कर सकते हैं और हमारी शांति भंग कर सकते हैं। बच्चों से जुड़ी इस तरह की विभिन्न समस्याओं से निपटने के लिए हमें संवेदनशीलता और समझ होनी चाहिए।

1.12 पालतू जानवरों और पौधों से संबंधित पड़ोसियों से समस्या

पड़ोसियों का पालतू कुत्ता या बिल्ली पड़ोसी की संपत्ति में पेशाब या शौच कर सकता है, या निवासियों या उनके मेहमानों को काट सकता है या डरा सकता है। पड़ोसियों के पौधे हमारे सीमा क्षेत्र में उग सकते हैं या हमारी खिड़कियों से सूरज की रोशनी

को अवरुद्ध कर सकते हैं। ऐसी और भी कई समस्याएं हो सकती हैं।

निम्नलिखित अध्यायों में, हम इन समस्याओं से निपटने के तरीकों और साधनों पर चर्चा करेंगे।

पड़ोसी समस्याओं के समाधान के उपाय

इस अध्याय में, हम पड़ोसियों के साथ समस्याओं को हल करने के लिए कुछ रणनीतियों और तरीकों पर चर्चा करते हैं।

2.1 पड़ोसियों के साथ बातचीत

किसी भी पड़ोसी की समस्या के मामले में पहला कदम, किसी भी कानूनी या उत्तेजक कार्रवाई से पहले, हमेशा मैत्रीपूर्ण और सौहार्दपूर्ण तरीके से बातचीत होनी चाहिए। शोर या अन्य मुद्दों जैसे मुद्दों को हल करने के लिए यह अब तक का सबसे कम प्रयास, कम से कम तनावपूर्ण और सस्ता तरीका है। कुछ मामलों में, शोरगुल करने वाले या परेशान करने वाले पड़ोसी इस बात से अनजान हो सकते हैं कि वे समस्या पैदा कर रहे हैं। इसलिए, बस उन्हें उनके विशिष्ट व्यवहार के बारे में समझाना जो समस्या पैदा कर रहा है और उन्हें इसे रोकने का अनुरोध करना काम कर सकता है।

इसलिए किसी भी समस्या के मामले में, सबसे पहले पड़ोसियों के साथ एक शांत शब्द रखने का प्रयास करें, समझाएं कि उनका व्यवहार आपको कैसे परेशान कर रहा है और धीरे से उनसे व्यवहार को रोकने का अनुरोध करें। घटना घटने के बाद जितनी जल्दी हो सके यह किया जाना चाहिए। यह या तो मौखिक रूप से या एक छोटे पत्र या ईमेल या संदेश, या इनमें से कुछ संयोजन के माध्यम से किया जा सकता है। आगे के कदमों पर जाने से पहले आप इस वार्ता रणनीति को कम से कम दो या तीन बार दोहरा सकते हैं।

उदाहरण के लिए, यदि एक रात किसी पार्टी में बहुत अधिक शोर होता है, तो अगले दिन पड़ोसियों को सूचित करें कि अत्यधिक शोर ने आपके लिए सोना मुश्किल कर दिया है। यदि पड़ोसी आपकी संपत्ति पर अतिक्रमण कर रहा है या कुछ निर्माण सामग्री स्थापित कर रहा है, तो धीरे से उन्हें सामग्री को हटाने या अतिक्रमण हटाने के लिए सूचित करना काम कर सकता है।

पड़ोसियों को उनके व्यवहार के कारण होने वाली परेशानी के बारे में सूचित करते समय, उन्हें सीधे दोष न दें, बल्कि उन्हें यह दिखाने का प्रयास करें कि विशिष्ट व्यवहार आपको विशिष्ट समस्याओं का कारण कैसे बना रहे हैं। उनकी स्थिति के साथ भी सहानुभूति दिखाने की कोशिश करें।

आप पड़ोसियों को परेशान करने वाले व्यवहार को रोकने के लिए प्रेरित करने के लिए कुछ सकारात्मक प्रोत्साहन देने की कोशिश कर सकते हैं, या उन्हें जो कुछ भी चाहिए, उसमें उनकी मदद करने की पेशकश कर सकते हैं।

बातचीत के चरण के दौरान, आपको पड़ोसियों के साथ व्यर्थ के झगड़ों या बहस में पड़ने से बचने की कोशिश करनी चाहिए। दृढ़ता से लेकिन शांति से अपनी बात रखना महत्वपूर्ण है और इस मुद्दे को एक बदसूरत स्थिति में नहीं बढ़ने देना है, जो किसी के लिए फायदेमंद नहीं है, और यहां तक कि मूल समस्या को और भी खराब कर सकता है।

निम्नलिखित उपखंड उन मामलों के लिए हैं जहां शांतिपूर्ण वार्ता वांछित व्यवहार परिवर्तन लाने में विफल रहती है।

2.2 हाउसिंग सोसाइटी या रेजिडेंट वेलफेयर एसोसिएशन (RWA) को शिकायत

भारत में, दुनिया के अन्य हिस्सों की तरह, आमतौर पर एक हाउसिंग सोसाइटी या सहकारी संघ मौजूद है, या जिसे रेजिडेंट वेलफेयर एसोसिएशन (RWA) कहा जाता है। वे विभिन्न प्रकार के आवासों के लिए मौजूद हो सकते हैं, जिसमें फ्लैटों के

एक ब्लॉक के साथ-साथ विला या स्वतंत्र घरों के एक गेटेड या अनगेटेड समुदाय शामिल हैं।

इस तरह के संघों पर समुदाय के निवासियों को सुरक्षा या पावर बैकअप जैसी सामान्य सेवाएं प्रदान करने के साथ-साथ मेहमानों, पार्किंग, कॉमन रूम का उपयोग कैसे करें आदि के बारे में नीतियां बनाने की जिम्मेदारी है। यह एसोसिएशन की जिम्मेदारियों का भी हिस्सा है: समुदाय में शांति बनाए रखना और सभी निवासियों के लिए दिशानिर्देश लागू करना।

पड़ोसी की समस्या के मामले में, आप RWA/एसोसिएशन से शिकायत कर सकते हैं और उनसे मदद के लिए अनुरोध कर सकते हैं। इस मुद्दे को लिखित रूप में या व्हाट्सएप जैसे मैसेजिंग ऐप के माध्यम से उठाया जा सकता है, जो आमतौर पर RWA और एसोसिएशन में आजकल साझा संचार के लिए उपयोग किया जाता है। यहां भी, आपको ऐसी भाषा से बचना चाहिए जो असभ्य या दोषपूर्ण या सामान्य लगती है, और इसके बजाय तटस्थ भाषा में लिखें और वास्तविक मुद्दे और पड़ोसियों के व्यवहार के विशिष्ट उदाहरणों को उजागर करने का प्रयास करें जो परेशानी पैदा कर रहे हैं। यदि आप कोई कार्रवाई नहीं कर रहे हैं, तो आपको RWA/एसोसिएशन को अपनी शिकायत कई बार दोहराने के लिए तैयार रहना चाहिए।

अक्सर, एसोसिएशन को इस मुद्दे को उठाने से पड़ोसियों को समस्याग्रस्त व्यवहार को रोकने के लिए वांछित प्रभाव हो सकता है। कभी-कभी, एसोसिएशन इस मुद्दे पर चर्चा और समाधान के लिए आमने-सामने की बैठक भी बुला सकती है।

2.3 **समितियों के रजिस्ट्रार या उपभोक्ता न्यायालय को शिकायत**

यदि हाउसिंग सोसाइटी या एसोसिएशन का प्रबंधन ही उनकी नीतियों या अन्य कार्यों के कारण समस्याएँ पैदा कर रहा है, तो कोई व्यक्ति राज्य या निवास के जिले के सहकारी समितियों के रजिस्ट्रार को लिखित शिकायत भेज सकता है।

सभी हाउसिंग एसोसिएशन और रेजिडेंट वेलफेयर एसोसिएशन (RWA) सोसायटी पंजीकरण अधिनियम 1860 के तहत पंजीकृत हैं।

सोसायटी पंजीकरण अधिनियम 1860 निम्नलिखित कहता है:

सोसायटियों द्वारा और उनके विरुद्ध वादः इस अधिनियम के अधीन पंजीकृत प्रत्येक सोसाइटी अध्यक्ष, अध्यक्ष या प्रधान सचिव, या न्यासी के नाम पर मुकदमा कर सकती है या

उस पर मुकदमा चलाया जा सकता है, जैसा कि सोसाइटी के नियमों और विनियमों द्वारा निर्धारित किया जाएगा।

यदि शिकायत हाउसिंग सोसाइटी के रजिस्ट्रार के पास दर्ज की जाती है, तो वे हाउसिंग सोसाइटी के अध्यक्ष और सचिव को कारण बताओ नोटिस जारी करेंगे। हालाँकि, आपको अपनी शिकायत की स्थिति पर नज़र रखते हुए यह सुनिश्चित करने की ज़रूरत है कि आपकी शिकायत पर कार्रवाई की गई है।

यहां भी, आपको सभी संचार लिखित रूप में रखना चाहिए और यदि उपलब्ध हो तो सभी विवरणों के साथ-साथ सबूत भी शामिल करना चाहिए।

आप मामले को उपभोक्ता फोरम, अदालत या पुलिस में भी ले जा सकते हैं। आप विवरण निर्दिष्ट करते हुए सोसायटी या एसोसिएशन प्रबंधन को कानूनी नोटिस भी भेज सकते हैं।

2.4 कानूनी नोटिस भेजना

कुछ मामलों में, पड़ोसी बार-बार चेतावनी देने के बाद भी, विघटनकारी या परेशान करने वाले व्यवहार की घटनाओं को जारी रखते हैं। ऐसे मामलों में आप एक निश्चित समय सीमा तक कार्रवाई को रोकने के लिए पड़ोसी को कानूनी नोटिस भेज

सकते हैं, ऐसा न करने पर आगे कानूनी और अन्य कदम उठाए जाएंगे। अपने शहर में एक वकील द्वारा उनके लेटरहेड पर कानूनी नोटिस का मसौदा तैयार करना बेहतर है, और इसे सरकार द्वारा संचालित रिकॉर्डेड पोस्ट जैसे पंजीकृत डाक या स्पीड पोस्ट के माध्यम से भेजें।

एक नमूना कानूनी नोटिस में निम्नलिखित प्रारूप होता है (अधिवक्ता को इसका मसौदा तैयार करने देना बेहतर है, नीचे केवल एक दिशानिर्देश है):

<अधिवक्ता का लेटरहेड>

पंजीकृत डाक/ स्पीड पोस्ट के माध्यम से

कानूनी नोटिस

दिनांक<>

करने के लिए <पूरा नाम और पता>

प्रिय महोदय / महोदया,

हमारे ग्राहकों <नाम और पता> के निर्देशों के तहत, हमें आपको निम्नानुसार संबोधित करने का निर्देश दिया गया है:

यह कि हम/ मेरे मुवक्किल <आवास या फ्लैट का पता> के निवासी हैं/ हैं जो आपकी संपत्ति के <पड़ोसी के पते> के करीब है।

उस <दिनांक और समय> को, आपने निम्नलिखित कार्य किए <संपत्ति के अतिक्रमण जैसे कार्यों का विशिष्ट विवरण>

कि हमने <तिथि> को मौखिक रूप से और एक पत्र के माध्यम से इस मुद्दे को उठाया था, लेकिन चेतावनी के बावजूद आपने हमारी संपत्ति से अपना अतिक्रमण नहीं हटाया <कार्रवाई का विवरण>

इस कानूनी नोटिस के माध्यम से आपको एतद्द्वारा निर्देश दिया जाता है कि इस दिनांक <दिनांक> के भीतर अपने अतिक्रमण <सुधारात्मक कार्रवाई> को हटा दें।

निर्दिष्ट तिथि के भीतर इस नोटिस का पालन करने में विफलता के परिणामस्वरूप आपके खिलाफ आगे की कानूनी कार्रवाई और राहतें ली जा सकती हैं। आप ऐसी किसी भी कानूनी कार्रवाई की लागत के लिए उत्तरदायी होंगे।

आपका विश्वासी:

<हस्ताक्षर और हो सके तो अधिवक्ता की मुहर>

यहां कॉपी करें: <हाउसिंग एसोसिएशन>

2.4 पुलिस को शिकायत

कुछ और गंभीर मुद्दों के मामले में, आप पुलिस को उनके 100 नंबर या उनकी किसी अन्य हॉटलाइन के माध्यम से शिकायत करने का प्रयास कर सकते हैं जैसे वरिष्ठ नागरिक हॉटलाइन 1090 या महिला हॉटलाइन।

शिकायत मौखिक या लिखित शिकायत हो सकती है।

आपको याद रखना चाहिए कि पुलिस से संपर्क करने से पहले, घटना के सभी विवरणों को बिंदु दर बिंदु ध्यान से लिख लें।

आम तौर पर पुलिस प्रारंभिक जांच करने के लिए किसी को परिसर में भेज सकती है। यदि ऐसा नहीं होता है, तो आप पुलिस स्टेशन जा सकते हैं, और/या पुलिस की वेबसाइट पर शिकायत दर्ज करा सकते हैं। सबसे खराब स्थिति में, यदि पुलिस शिकायत दर्ज करने को तैयार नहीं है, तो आप अदालत में मामला दर्ज कर सकते हैं जो पुलिस को प्राथमिकी दर्ज करने का आदेश दे सकती है।

एक पुलिस वेबसाइट का वेबपेज है https://mumbaipolice.gov.in/OnlineComplaints जहां आप सभी आवश्यक विवरणों के साथ शिकायत दर्ज कर सकते हैं।

2.5 स्थानीय नगर पालिका से शिकायत

कभी-कभी स्थानीय नगरपालिका, जिसे भारत में विभिन्न नामों से जाना जा सकता है, जैसे कि नगर निगम या महानगर पालिका, में संपत्ति या नगरपालिका संबंधी विवादों के मामले में शिकायत दर्ज करने की प्रक्रिया हो सकती है।

आप नगर पालिका कार्यालय में जाकर नगर पालिका को उनके शिकायत कार्यालय में पत्र लिख सकते हैं। कोई भी ई-शिकायत दर्ज कर सकता है या उन्हें एक ईमेल लिख सकता है। उदाहरण के लिए, नई दिल्ली नगर परिषद की ऑनलाइन शिकायत दर्ज करने के लिए एक वेबसाइट है (https://www.ndmc.gov.in/complaints.aspx

2.6 स्थानीय विधायक या सांसद या नगर निगम पार्षदों से शिकायत

कुछ मामलों में, सांसद या विधायक या नगरसेवक मदद कर सकते हैं। आपको उनके कार्यालय में जाना चाहिए या उन्हें ईमेल करना चाहिए या उन्हें पूर्ण विवरण के साथ एक लिखित पत्र लिखना चाहिए।

अक्सर, सांसदों और विधायकों जैसे निर्वाचित प्रतिनिधियों के ट्विटर (twitter) अकाउंट होते हैं। आप तदनुसार अपनी शिकायतों के साथ उन्हें ट्वीट (tweet) कर सकते हैं।

2.7 कोर्ट केस फाइल करना

कुछ मामलों में जैसे अचानक संपत्ति के अतिक्रमण या जालसाजी या यदि पड़ोसी ने कानूनी नोटिस और/या चेतावनियों का जवाब नहीं दिया है, तो स्थानीय जिला अदालत में अदालती मामला दर्ज करने का एकमात्र विकल्प हो सकता है। ऐसे मामलों को भारतीय अदालत प्रणाली के तहत हल करने में सालों लग सकते हैं, इसलिए इसके लिए मानसिक रूप से तैयार और बजट तैयार किया जाना चाहिए।

सामान्य अदालती प्रक्रिया में निम्नलिखित चरण शामिल होते हैं:

- मामला दर्ज करना
- प्रतिवादियों को नोटिस भेजना
- तर्कों की सुनवाई
- साक्ष्य की प्रस्तुति
- क्रॉस परीक्षा
- समापन तर्क
- फैसले की घोषणा

यदि कोई पक्ष फैसले से संतुष्ट नहीं है तो वह उच्च न्यायालय में अपील कर सकता है।

ऐसे मामलों में सक्षम वकील को नियुक्त करना चाहिए।

निम्नलिखित अध्यायों में, हम इनमें से कुछ विशिष्ट मामलों पर अधिक विस्तार से विचार करते हैं।

पड़ोसियों द्वारा अत्यधिक शोर और अशांति

इस अध्याय में हम चर्चा करते हैं कि यदि पड़ोसी अत्यधिक शोर करते हैं या जोर से संगीत जैसे गड़बड़ी करते हैं, खासकर देर रात में 10 बजे के बाद कहते हैं, तो कोई क्या कदम उठा सकता है।

यदि नियंत्रित नहीं किया जाता है और यदि समय-समय पर दोहराया जाता है, तो इस तरह का तेज शोर किसी की मन की शांति को भंग कर देता है और किसी की नींद को प्रभावित कर सकता है।

3.1 अत्यधिक शोर पर आईपीसी कानून

अत्यधिक शोर सार्वजनिक उपद्रव के अंतर्गत आता है जैसा कि धारा 268 में परिभाषित किया गया है और सजा भारतीय दंड संहिता (आईपीसी) की धारा 290 में बताई गई है। धारा 268 जनता को परेशान करने के लिए है और इसमें शोर के अलावा,

अन्य प्रकार की झुंझलाहट शामिल हो सकती है जैसे कि क्षेत्र में रहने वाली जनता को सार्वजनिक सेवाओं को धमकाना या अस्वीकार करना।

सार्वजनिक उपद्रव पर आईपीसी की धारा 268 में कहा गया है:

एक व्यक्ति एक सार्वजनिक उपद्रव का दोषी है जो कोई भी कार्य करता है जो जनता या आम तौर पर आसपास रहने वाले लोगों के लिए कोई सामान्य चोट, खतरा या परेशानी का कारण बनता है, या जो लोगों को चोट, बाधा, खतरे या परेशानी का कारण बनता है जिन्हें किसी भी सार्वजनिक अधिकार का उपयोग करने का अवसर मिल सकता है। एक सामान्य उपद्रव को इस आधार पर माफ नहीं किया जाता है कि यह कुछ सुविधा या लाभ का कारण बनता है।

आईपीसी की धारा 290 सार्वजनिक उपद्रव करने के लिए सजा को परिभाषित करती है। यह इस प्रकार बताता है:

आईपीसी 290 - जो कोई भी किसी भी मामले में सार्वजनिक उपद्रव करता है जो इस संहिता द्वारा अन्यथा दंडनीय नहीं है,

उसे जुर्माने से दंडित किया जाएगा जो दो सौ रुपये तक हो सकता है।

भले ही जुर्माने की राशि न के बराबर हो, शिकायत का असर पड़ोसी को भविष्य में जोर शोर से दोहराने से रोकने का हो सकता है।

3.2 अत्यधिक शोर पर ध्वनि प्रदूषण नियम

ध्वनि प्रदूषण नियंत्रण और विनियमन नियम 2000 में ध्वनि प्रदूषण के खिलाफ भी प्रावधान हैं। यह किसी के पड़ोसियों को तेज़ संगीत बजाने, तेज़ पटाखे फोड़ने या लाउडस्पीकर पर कोई आवाज़ करने से रोकता है जो रात में उस क्षेत्र में परिवेशीय शोर पर एक निश्चित सीमा (आमतौर पर 10 डेसिबल) से अधिक हो जाता है।

इस अधिनियम में रात 10 बजे से सुबह 6 बजे के बीच के समय को परिभाषित किया गया है। हालांकि, दिवाली या स्वतंत्रता दिवस जैसे उत्सव या सांस्कृतिक अवसरों के लिए मध्यरात्रि तक इसमें ढील दी गई है।

ध्वनि प्रदूषण नियम 2000 निम्नलिखित बताता है:

(1) किसी भी क्षेत्र/ क्षेत्र में शोर का स्तर अनुसूची में निर्दिष्ट शोर के संबंध में परिवेशी वायु गुणवत्ता मानकों से अधिक नहीं होना चाहिए। (2) प्राधिकरण ध्वनि प्रदूषण नियंत्रण उपायों को लागू करने और शोर के संबंध में परिवेशी वायु गुणवत्ता मानकों के उचित अनुपालन के लिए जिम्मेदार होगा।

3.3 जब रात में पड़ोसी शोर कर रहा हो तो क्या करें

यदि किसी का पड़ोसी देर रात में जोर से आवाज कर रहा है या तेज संगीत बजा रहा है, तो पहला कदम यह होगा कि आप उनके पास जाएं और शांति से उनसे शोर कम करने का अनुरोध करें। आप हाउसिंग एसोसिएशन या सोसाइटी से भी शिकायत कर सकते हैं और उनसे अनुरोध कर सकते हैं कि शोर को कम करने के लिए उस फ्लैट के निवासियों से बात करें।

यदि उपरोक्त कदम संभव नहीं हैं या यदि पड़ोसी नहीं सुनते हैं और चेतावनियों के बावजूद शोर कम करते हैं, तो आप 100 डायल करके पुलिस को कॉल कर सकते हैं। पुलिस की एक यात्रा आमतौर पर शोर को रोकने के लिए पड़ोसियों को प्राप्त करने के लिए पर्याप्त है।

आप निम्नलिखित के आधार पर पड़ोसी के खिलाफ पुलिस या अदालत में शिकायत दर्ज कर सकते हैं:

- आईपीसी धारा 290
- ध्वनि प्रदूषण (नियंत्रण और विनियमन) नियम 2000

पड़ोसियों द्वारा अवैध अतिक्रमण और अवैध निर्माण

अतिक्रमण आपके पड़ोसी द्वारा किया गया एक कार्य है जहां उनका आपकी संपत्ति पर अधिकार नहीं है, लेकिन फिर भी वे आपकी सहमति के बिना उस पर अवैध रूप से कब्जा कर लेते हैं, या आपको इसका उपयोग करने से रोकते हैं, उदाहरण के लिए गेट या ताले लगाकर।

यदि कोई पड़ोसी आपकी संपत्ति पर अवैध निर्माण करता है, तो यह अतिचार के कानूनों के अंतर्गत आता है। यह नागरिक संहिता और आपराधिक संहिता दोनों का हिस्सा है।

4.1 आपराधिक अतिचार पर IPC कानून

सभी अतिचार को आपराधिक अतिचार के रूप में वर्गीकृत नहीं किया जा सकता है, जब तक कि हिंसा और धमकी शामिल न

हो। यदि यह आपराधिक नहीं है तो दीवानी उपचार, जैसे कि अदालती मामला, लागू किया जा सकता है।

एक अतिचार भी है जिसे गृह अतिचार कहा जाता है जहां एक व्यक्ति, जैसे पड़ोसी आपके घर के एक हिस्से या पूरे घर पर आपराधिक अतिचार करता है।

भारतीय दंड संहिता आईपीसी की धारा 441 आपराधिक अतिचार से संबंधित है, और 447 आपराधिक अतिचार के लिए सजा के लिए है। धारा 442 गृह अतिचार से संबंधित है।

आईपीसी की धारा 133 इसी तरह पड़ोसियों द्वारा अवैध निर्माण को हटाने की प्रक्रिया का वर्णन करती है।

IPC की धारा 441, 442 और 447 निम्नलिखित बताती है:

IPC 441 आपराधिक अतिचार: जो कोई ऐसी संपत्ति में प्रवेश करता है जो किसी अन्य के कब्जे में है, किसी अपराध को करने के इरादे से या ऐसी संपति के कब्जे वाले किसी व्यक्ति को डराने, अपमानित करने या नाराज करने के लिए, या कानूनी रूप से ऐसी संपत्ति में प्रवेश करने के बाद, अवैध रूप से वहां इरादे से रहता है ऐसे किसी व्यक्ति को डराना, अपमानित

करना या नाराज़ करना, या अपराध करने के इरादे से, "आपराधिक अतिचार" करना कहा जाता है।

IPC 442 गृह अतिचार: जो कोई निवास के रूप में या पूजा के स्थान के रूप में उपयोग किए जाने वाले किसी भवन या संपत्ति की अभिरक्षा के स्थान के रूप में उपयोग किए जाने वाले किसी भवन में प्रवेश करके या उसमें रहकर आपराधिक अतिचार करता है, उसे "गृह-अतिचार" कहा जाता है।

IPC 447 आपराधिक अतिचार के लिए सजा: जो कोई भी आपराधिक अतिचार करता है, उसे एक अवधि के लिए कारावास, जिसे तीन महीने तक बढ़ाया जा सकता है, या जुर्माना जो पांच सौ रुपये तक हो सकता है, या दोनों से दंडित किया जाएगा।

4.2 अगर कोई आपकी संपत्ति का अतिक्रमण करता है तो क्या करें

अगर कोई आपकी संपत्ति के एक हिस्से या पूरी संपत्ति पर अवैध रूप से कब्जा करता है, तो आप निम्नलिखित में से कुछ या सभी कदम उठा सकते हैं:

- अतिचार की संपत्ति के कुछ फोटो, वीडियो और अन्य सबूत प्राप्त करें। यदि पड़ोसी ने आपकी संपत्ति पर कोई अवैध निर्माण किया है तो उसका भी प्रमाण प्राप्त करें।

- आपराधिक अतिचार या धमकी और धमकी के साथ अतिचार के मामले में, निकटतम पुलिस स्टेशन पर जाएँ और/या पुलिस अधीक्षक को एक लिखित शिकायत दर्ज करें जिसमें दस्तावेज और फोटो जैसे सबूत हों। आईपीसी की धारा 441 और 447 जैसी आपराधिक अतिचार की धाराओं के तहत शिकायत दर्ज करें।

- अतिचार करने वाले पड़ोसी को कानूनी नोटिस भेजें, उन्हें अवैध रूप से अतिक्रमित संपत्ति को खाली करने के लिए कहें, ऐसा न करने पर कानूनी कार्यवाही शुरू की जाएगी।

- अदालतों (जैसे जिला अदालत या उच्च न्यायालय) के समक्ष एक मुकदमा / रिट याचिका दायर करें, जिसमें पुलिस और अन्य अधिकारियों को संपत्ति से अतिचार करने वाले पड़ोसी को बेदखल करने और उस संपत्ति के कब्जे को आपको बहाल करने के लिए निर्देश देने का अनुरोध किया गया है।

- किसी भी निर्माण और/या अवैध रूप से कब्जा की गई संपत्ति की बिक्री, और पहले से किए गए किसी भी अवैध निर्माण को ध्वस्त करने के खिलाफ तत्काल रोक / निषेधाज्ञा पारित करने का अनुरोध करते हुए अदालतों के समक्ष एक मुकदमा दायर करें।

- फोटो जैसे सबूतों के साथ, कब्जाधारी द्वारा अतिचार के खिलाफ नगर निगम (जैसे दिल्ली में एमसीडी) में शिकायत दर्ज करें। यह तब भी लागू होता है जब कुछ निर्माण उचित योजना अनुमति के बिना किया गया हो।

- सबूतों के साथ सब डिविजनल मजिस्ट्रेट (एसडीएम) के समक्ष लिखित शिकायत दर्ज करें

- कब्जेदार से हर्जाने के लिए दीवानी मुकदमा दायर करें

- अभिलेखों के उत्परिवर्तन को रोकने के लिए राजस्व/भूमि प्राधिकारियों के पास शिकायत दर्ज करें

ध्यान दें कि उपरोक्त चरणों में दीवानी और आपराधिक अतिचार दोनों शामिल हैं।

4.3 पड़ोसी द्वारा दीवानी अतिचार के मामले में समाधान

यदि अतिचार का प्रकार केवल दीवानी है और आपराधिक नहीं है, और आपका पड़ोसी आपकी सहमति के बिना आपकी संपत्ति के हिस्से पर अवैध रूप से कब्जा कर रहा है, तो आप नुकसान या निषेधाज्ञा के दावों के साथ अतिचार करने वाले के खिलाफ एक अदालती मामला दर्ज कर सकते हैं (जारी अवैध कब्जे को रोकने के लिए) और निर्माण, और जमीन का कब्जा सही मालिक को वापस करना) जैसा भी मामला हो। नागरिक अतिचार के मामले में टोर्ट कानून लागू होता है।

अतिचार के लिए अदालती मामलों के फैसले के कुछ उदाहरण भारतीय कानून वेबसाइट में देखे जा सकते हैं: https://indiankanoon.org/search/?formInput=cases%20of%20trespass

संपत्ति के अवैध कब्जे के मामले में, किसी अन्य की भूमि या संपत्ति पर अनधिकृत निर्माण, किसी को अपनी संपत्ति तक

पहुंच से वंचित करना, उदाहरण के लिए ताले या द्वार स्थापित करना, अतिचार की परिभाषा के अंतर्गत आएगा और अपकृत्य कानून के अंतर्गत आएगा। ऐसी संपत्ति के मालिक कब्जाधारी से हर्जाने की वसूली का दावा कर सकते हैं। वही होता है जहां एक पड़ोसी बाड़, द्वार या अन्य निर्माण करता है जो किसी की संपत्ति का अतिक्रमण करता है।

हालांकि, अगर अवैध कब्जे के साथ कब्जेदार द्वारा धमकी या हिंसा होती है, तो यह आपराधिक अतिचार की श्रेणी में आएगा और पुलिस शिकायत दर्ज की जा सकती है।

यदि आपकी संपत्ति पर एक अवैध कब्जाधारी द्वारा अतिक्रमण किया जा रहा है, तो जल्द से जल्द अदालती कार्यवाही शुरू करना सबसे अच्छा है।

यह सुनिश्चित करना सबसे अच्छा है कि शुरू में अवैध कब्जा न हो। इसके लिए सही मालिक को नियमित रूप से इसकी जांच करते रहना चाहिए ताकि यह सुनिश्चित हो सके कि संपत्ति पर अवैध निर्माण तो नहीं हो रहा है। उन्हें जरूरत पड़ने पर चारदीवारी का निर्माण करना चाहिए, सुरक्षा गार्ड रखना चाहिए या अवैध कब्जे को रोकने के लिए संपत्ति पर सीसीटीवी कैमरे लगाने चाहिए।

भारत में, अनिवासी भारतीयों के लिए अवैध कब्जा एक बड़ा मुद्दा हो सकता है जो कई वर्षों से विदेश में काम कर रहे हैं और नियमित रूप से अपनी जमीन की जांच नहीं कर रहे हैं। हालांकि यह बेईमान रिश्तेदारों या अन्य लोगों के कारण भी हो सकता है जो संपत्ति पर कब्जा करना चाहते हैं।

पड़ोसियों द्वारा पानी और बिजली जैसी उपयोगिताओं की चोरी

इस अध्याय में, हम संक्षेप में किसी के पड़ोसियों द्वारा उपयोगिताओं की चोरी पर चर्चा करते हैं।

कभी-कभी, किसी के पड़ोसी पानी और बिजली जैसी उपयोगिताओं की चोरी कर सकते हैं।

यह आपके लिए अधिक बिल और उनके लिए कम बिल का कारण बनता है, और सरकार को भी नुकसान पहुंचाता है, जिन्हें प्रदान की गई उपयोगिताओं और सेवाओं के लिए सही ढंग से भुगतान नहीं किया जा सकता है।

5.1 बिजली आपूर्ति की चोरी या छेड़छाड़

पड़ोसियों द्वारा बिजली की चोरी या बिजली की आपूर्ति में छेड़छाड़ का संदेह होने पर, समाधान एक सक्षम कर्मचारी जैसे इलेक्ट्रीशियन को बुलाना और उनसे हमारे बिजली कनेक्शन

पर नज़र रखना है। खराब मीटर रीडिंग के साथ-साथ बिजली आपूर्ति बाधित होने की स्थिति में भी ऐसा किया जा सकता है।

विशेष रूप से, आप सक्षम इलेक्ट्रीशियन से यह जांचने के लिए अनुरोध कर सकते हैं कि क्या आपके मुख्य बिजली कनेक्शन से पड़ोसी के घर या फ्लैट में कोई तार जा रहा है जहां यह नहीं होना चाहिए, या हाल ही में ऐसे किसी तार से छेड़छाड़ की गई है। या फिर, आप एक छोटा परीक्षण कर सकते हैं, उस मंजिल के सभी बिजली के उपकरणों को बंद कर सकते हैं और फिर परीक्षण कर सकते हैं कि बिजली का मीटर बंद है या सभी उपकरणों के बंद होने के बावजूद मीटर अभी भी चल रहा है।

आपको बिजली आपूर्ति की जांच के बाद इलेक्ट्रीशियन और प्लंबर द्वारा दिए गए किसी भी बयान का रिकॉर्ड रखना चाहिए।

संदिग्ध बिजली चोरी के मामले में, स्थानीय बिजली बोर्ड के पास शिकायत दर्ज करें और एक आधिकारिक तकनीशियन को परिसर का दौरा करने और बिजली को डायवर्ट किया जा रहा है या नहीं, इसकी जांच करने के लिए कहें। और यदि हां, तो जो हो रहा है उसका हस्ताक्षरित विवरण दें। इसके आधार पर पुलिस के साथ-साथ आपके शहर में बिजली की आपूर्ति करने

वाली कंपनी जैसे BESCOM या DISCOMs में शिकायत दर्ज करें।

यदि पड़ोसियों द्वारा बिजली की आपूर्ति में छेड़छाड़ की जाती है, तो आप BESCOM, BSES राजधानी या इसी तरह की बिजली प्रदाता कंपनी के ऐप या वेबसाइट का उपयोग करके शिकायत दर्ज कर सकते हैं। आप शहर के नगर पालिका कार्यालय, जैसे नई दिल्ली नगर निगम में भी शिकायत दर्ज करा सकते हैं।

चूंकि बिजली और पानी आवश्यक उपयोगिताएं हैं, इसलिए आपूर्ति को काटना या नुकसान पहुंचाना कानूनी अपराध है। इसलिए पुलिस में रिपोर्ट भी दर्ज करा सकते हैं। आप 100 या 112 पर कॉल कर सकते हैं और आपकी बिजली आपूर्ति में छेड़छाड़ या कट जाने की स्थिति में पुलिस में प्राथमिकी दर्ज करा सकते हैं। 112 पर सभी कॉल रिकॉर्ड की जाती हैं, इसलिए इस नंबर पर कॉल करना और पुलिस कांस्टेबल से परिसर का दौरा करने और जांच करने का अनुरोध करना बेहतर है।

वैकल्पिक रूप से, आप किसी के पड़ोसी को घटनाओं की तारीख, समय और विवरण बताते हुए कानूनी नोटिस भेज सकते हैं और उन्हें तुरंत रोकने और रोकने का अनुरोध कर

सकते हैं, ऐसा न करने पर उनके खिलाफ आगे की कानूनी कार्यवाही शुरू की जाएगी।

विद्‌युत अधिनियम 2003 की धारा 135 निम्नलिखित बताती है:

धारा 135. (बिजली की चोरी):---

(1) जो कोई, बेईमानी से, --

(ए) ओवरहेड, भूमिगत या पानी के नीचे या पानी के नीचे या केबल, या सर्विस वायर, या लाइसेंसधारी या आपूर्तिकर्ता की सेवा सुविधाओं, जैसा भी मामला हो, के साथ कोई संबंध बनाता है या बनाता है; या

(बी) एक मीटर से छेड़छाड़ करता है या एक मीटर स्थापित करता है जो पहले से ही छेड़छाड़ की गई है, या कोई अन्य उपकरण या विधि जो विद्‌युत प्रवाह के सटीक या उचित पंजीकरण, अंशांकन या मीटरिंग में हस्तक्षेप करती है या अन्यथा परिणामस्वरूप बिजली चोरी या बर्बाद हो जाती है; या

(सी) बिजली के मीटर, उपकरण, या तार को नुकसान पहुंचाता है या नष्ट करता है या उनमें से किसी को भी क्षतिग्रस्त या

नष्ट करने की अनुमति देता है या बिजली की उचित या सटीक मीटरिंग में हस्तक्षेप करता है,

(डी) एक छेड़छाड़ मीटर के माध्यम से बिजली का उपयोग करता है; या

(ई) बिजली का उपयोग उस उद्देश्य के लिए अलग करता है जिसके लिए बिजली का उपयोग अधिकृत किया गया था,

कारावास से, जिसकी अवधि तीन वर्ष तक की हो सकेगी, या जुर्माने से या दोनों से दंडनीय होगा।

5.2 जलापूर्ति की चोरी

यदि आपको पड़ोसियों द्वारा पानी के कनेक्शन की चोरी का संदेह है, तो जांचें कि क्या कोई पाइप या कोई साधन है जिसके द्वारा किसी के घर या फ्लैट के पानी के कनेक्शन को किसी अन्य स्थान जैसे पड़ोसियों के लिए डायवर्ट किया जा रहा है।

पानी चोरी होने की स्थिति में अपने नगर पालिका में जल बोर्ड में शिकायत दर्ज कराएं। अपनी पानी की आपूर्ति की जांच करने के लिए प्लंबर जैसे सक्षम व्यक्ति को भेजकर उन्हें जांच करने के लिए कहें। हो सके तो उनसे एक हस्ताक्षरित बयान प्राप्त करें। साथ ही पुलिस में शिकायत भी दर्ज कराएं।

नेशनल ग्रीन ट्रिब्यूनल के निर्देशों के अनुसार, पीने योग्य पानी की चोरी या दुरुपयोग एक दंडनीय अपराध है, और इसके लिए कोई भी दिल्ली जल बोर्ड में शिकायत दर्ज कर सकता है।

सरकारी एजेंसियों जैसे जल बोर्ड या बिजली आपूर्तिकर्ताओं के साथ लिखित रूप में संवाद करना हमेशा अच्छा होता है। इसी प्रकार ऐसी एजेंसियों के पास की गई प्रत्येक शिकायत के लिए, उनसे शिकायत संख्या प्राप्त करने का प्रयास करना चाहिए, ताकि किसी के पास पिछली सभी शिकायतों का रिकॉर्ड हो।

5.3 इंटरनेट या केबल टीवी जैसी अन्य सेवाओं की चोरी

इंटरनेट जैसी अन्य सेवाओं की चोरी के लिए, पहले सुनिश्चित करें कि आपका वाई-फाई पासवर्ड सुरक्षित है। जांच के लिए इंटरनेट सेवा प्रदाता को कॉल करें। इसी तरह केबल टीवी और अन्य सेवाओं के लिए, संबंधित सेवा प्रदाताओं को कॉल करें और जांच के लिए उनकी मदद मांगें।

5.4 डाक मेल और कूरियर वस्तुओं की चोरी

यदि आपको संदेह है कि आपका मेल पड़ोसियों द्वारा चुराया जा रहा है, तो आप कुछ कदम उठा सकते हैं:

- कुछ जगहों पर सीसीटीवी कैमरे लगाएं ताकि पता चल सके कि डाक या अन्य सामान चोरी हो रहा है या नहीं।

- चोरी हो रही है या नहीं यह सत्यापित करने के लिए कुछ डमी पैकेज या पोस्ट भेजें।

- सटीक परिस्थितियों का पता लगाने के लिए अपने क्षेत्र के डाकिया या कूरियर व्यक्ति से बात करें।

डाक की चोरी भारतीय डाकघर अधिनियम, 1898 के तहत एक संज्ञेय अपराध है। इसलिए यदि आप सीसीटीवी या अन्य सबूतों के माध्यम से साबित कर सकते हैं कि डाक मेल की चोरी वास्तव में हो रही है, तो आप उस आधार पर पुलिस में शिकायत दर्ज कर सकते हैं।

पड़ोसियों से धमकी, हिंसा और उत्पीड़न

इस अध्याय में, हम चर्चा करते हैं कि आपके पड़ोसियों द्वारा धमकी और हिंसा के मामले में क्या करना चाहिए।

भारतीय दंड संहिता IPC की धारा 268 में कहा गया है:

268. सार्वजनिक उपद्रव।

एक व्यक्ति एक सार्वजनिक उपद्रव का दोषी है जो कोई भी कार्य करता है जिससे जनता को या आस-पास रहने वाले लोगों को कोई चोट, खतरा या परेशानी होती है, या जो उन लोगों को चोट, बाधा, खतरे या परेशानी का कारण बनती है जिनके पास किसी सार्वजनिक सुविधा का उपयोग करने का अवसर हो सकता है । एक सामान्य उपद्रव को इस आधार पर माफ नहीं किया जाता है कि यह कुछ सुविधा या लाभ का कारण बनता है।

IPC की धारा 425 में कहा गया है:

425. जो कोई इस आशय से, या यह जानते हुए कि वह जनता या किसी व्यक्ति को गलत तरीके से नुकसान पहुँचा सकता है, किसी संपत्ति का विनाश, या किसी संपत्ति में ऐसा कोई परिवर्तन करता है जो उसके मूल्य या उपयोगिता को नष्ट या कम करता है, या प्रभावित करता है यह हानिकारक रूप से, "शरारत" करता है।

इन IPC का उपयोग उन परेशान पड़ोसियों के मामले में किया जा सकता है जो बहुत अधिक शोर और अन्य गड़बड़ी पैदा करते हैं। पड़ोसियों को परेशान करने के खिलाफ अदालत में निषेधाज्ञा प्राप्त करने का यह कानूनी आधार हो सकता है।

6.1 पड़ोसियों द्वारा आपको धमकाए जाने या हिंसक रूप से हमला किए जाने की स्थिति में उठाए जाने वाले कदम

यदि आपके पड़ोसियों द्वारा आपको शारीरिक या मौखिक रूप से धमकी दी जा रही है, तो निम्नलिखित कदम उठाए जा सकते हैं:

- स्थानीय पुलिस स्टेशन में नियमित शिकायत दर्ज करें या 100 पर कॉल करें।
- एक वकील की मदद से धमकी देने वाले व्यक्ति को कानूनी नोटिस भेजें, उन्हें रोकने के लिए कहें, जिसके बिना कानूनी कार्रवाई शुरू की जाएगी।
- अपने पड़ोसियों की हिंसक गतिविधियों से चोट लगने की स्थिति में, किसी भी सरकारी अस्पताल में डॉक्टर की रिपोर्ट और/या किसी भी फोटोग्राफिक साक्ष्य से साक्ष्य एकत्र करें। इस सबूत का इस्तेमाल अपनी पुलिस शिकायत में करें।
- आप वरिष्ठ पुलिस अधीक्षक (एसएसपी) या पुलिस उपायुक्त (डीसीपी) जैसे उच्च पुलिस अधिकारियों से भी सीधे संपर्क कर सकते हैं।
- आप भारतीय दंड संहिता की धारा 506 के तहत पुलिस या अदालती मामले में शिकायत दर्ज कर सकते हैं: जो आपराधिक धमकी से संबंधित है।
- गंभीरता के आधार पर, पुलिस स्टेशन में आपराधिक धमकी के बारे में एक गैर-संज्ञेय (एनसी) शिकायत दर्ज करें।

- यदि पुलिस आपकी शिकायत पर कार्रवाई नहीं करती है, जो कई कारणों से हो सकती है जैसे कि यदि आपका पड़ोसी राजनीतिक रूप से जुड़ा हुआ है या किसी वरिष्ठ पुलिस को जानता है, तो आप अदालतों में मामला उठा सकते हैं और उनसे पुलिस को प्राथमिकी दर्ज करने का आदेश देने के लिए कह सकते हैं।

- सुरक्षा की मांग करते हुए स्थानीय सांसद, विधायक को पत्र लिखें या मिलें।

- धमकी देने वाले व्यक्ति के खिलाफ निरोधक आदेश की मांग करते हुए स्थानीय अदालत में एक आवेदन दायर करें।

6.2 वरिष्ठ नागरिकों को पड़ोसियों द्वारा धमकाए जाने या उन पर हमला किए जाने की स्थिति में उठाए जाने वाले कदम

यदि पड़ोसियों द्वारा उत्पीड़ित व्यक्ति वरिष्ठ नागरिक हैं तो निम्नलिखित अतिरिक्त कार्रवाई की जा सकती है:

- पुलिस की बुज़ुर्ग हेल्पलाइन (1090, 1091, 1291) पर कॉल करें और शिकायत करें। आपके शहर में पुलिस द्वारा संचालित वरिष्ठ नागरिक प्रकोष्ठ की कोई वेबसाइट या नंबर हो सकता है। यदि वरिष्ठ नागरिक प्रकोष्ठ मौजूद है, तो उनका उपयोग करना बेहतर है क्योंकि वे विशेष रूप से वरिष्ठ नागरिकों के लिए चलाए जाते हैं। वरिष्ठ नागरिक प्रकोष्ठ की वेबसाइट https://www.delhipolice.nic.in/seniorcitizen/index.html है।

- अक्सर वरिष्ठ नागरिक गैर सरकारी संगठन जैसे हेल्पएज इंडिया कई भारतीय शहरों में हेल्पलाइन चलाते हैं। गूगल या सर्च करें कि क्या ऐसी कोई हेल्पलाइन उपलब्ध है। अगर ऐसी कोई हेल्पलाइन है तो अपने शहर में दादा दादी/डिग्निटी/हेल्पएज इंडिया हेल्पलाइन पर कॉल करें और पूरी जानकारी देते हुए मदद मांगें।

- अपने शहर में वरिष्ठ नागरिक न्यायाधिकरण (जो आमतौर पर अतिरिक्त जिला मजिस्ट्रेट या एसडीएम द्वारा चलाया जाता है) में वरिष्ठ नागरिक अधिनियम के तहत सुरक्षा के लिए एक लिखित याचिका दायर करें।

ध्यान देने वाली एक महत्वपूर्ण बात यह है कि केवल मौखिक शिकायत करने के बजाय सब कुछ लिखित में रखें। केवल मौखिक रिकॉर्ड होने पर वरिष्ठ नागरिक घटनाओं को भूल सकते हैं।

6.3 महिलाओं को पड़ोसी द्वारा धमकाए जाने या हमला किए जाने की स्थिति में उठाए जाने वाले कदम

यदि पड़ोसियों द्वारा उत्पीड़ित व्यक्ति महिलाएं हैं तो निम्नलिखित अतिरिक्त कार्रवाई की जा सकती है:

- आप अपने शहर या राज्य में राष्ट्रीय महिला आयोग (NCW) सेल में शिकायत दर्ज करा सकते हैं। उनकी वेबसाइट है http://ncw.nic.in/
- कुछ शहरों में, स्थानीय पुलिस का एक अलग महिला प्रकोष्ठ हो सकता है। वहां शिकायत दर्ज करा सकते हैं।
- आपके शहर में महिलाओं की मदद के लिए महिला गैर सरकारी संगठन चल रहे हैं, उदाहरण के लिए

वनिता सहायवानी या स्नेहा। इनमें से किसी गैर सरकारी संगठन से भी शिकायत की जा सकती है।

6.4 घरेलू नौकरों को पड़ोसियों द्वारा परेशान किए जाने की स्थिति में कार्रवाई

यदि घरेलू नौकरों जैसे माली, गृहिणी, नौकरानी आदि को पड़ोसी परेशान और बाधित कर रहे हैं तो निम्नलिखित कार्रवाई की जा सकती है:

- अपने घरेलू नौकर, जिसे परेशान किया जा रहा है, से एक लिखित और मौखिक बयान प्राप्त करें ।
- इन बयानों के साथ डराने-धमकाने की अन्य शिकायतों के अलावा पुलिस में शिकायत दर्ज करें।

वही कदम तब भी उठाए जा सकते हैं जब आपके डिलीवरी बॉय या पोस्टमैन या कूरियर डिलीवरी करने वालों को परेशान किया जा रहा हो या बाधित किया जा रहा हो।

बच्चों और पालतू जानवरों से संबंधित समस्याएं

इस अध्याय में, हम कई तरह की समस्याओं पर चर्चा करते हैं जो हमारे अपने बच्चों या पड़ोसियों के बच्चों के साथ हो सकती हैं, और ऐसे मामलों में क्या करना है। हम पालतू जानवरों से संबंधित समस्याओं पर भी संक्षेप में चर्चा करते हैं।

7.1 पड़ोसियों के बच्चों से संबंधित समस्याओं का सारांश

पड़ोसियों के बच्चे विभिन्न प्रकार की समस्याओं का कारण बन सकते हैं। वे शोर कर सकते हैं या तेज संगीत बजा सकते हैं। खेलते समय वे किसी की संपत्ति को नुकसान पहुंचा सकते हैं, जैसे कि किसी की खड़ी कार पर खरोंच छोड़ना या क्रिकेट खेलते समय क्रिकेट की गेंद से खिड़की तोड़ना। वे हमारे अपने बच्चों को धमका सकते हैं।

7.2 पड़ोसियों के बच्चों की समस्याओं से कैसे निपटें

बच्चे बच्चे होते हैं, इसलिए हो सकता है कि वे अपने स्वयं के कार्यों के परिणामों से अवगत न हों। इसके अलावा, उनके व्यवहार का संबंध उनकी परवरिश से हो सकता है।

इसलिए, पड़ोसी के बच्चों के साथ व्यवहार करते समय संवेदनशील होना बेहतर है। आपको पड़ोसियों के बच्चों को धीरे से लेकिन दृढ़ता से चेतावनी देनी चाहिए कि वे बहुत अधिक शोर न करें या अपनी संपत्ति को नुकसान न पहुँचाएँ। किसी भी परिस्थिति में आपको पड़ोसियों के बच्चों को चोट पहुंचाने की कोशिश नहीं करनी चाहिए।

यदि वह काम नहीं करता है, या यदि बदमाशी जैसी घटनाएं होती हैं, तो आप पड़ोसियों के बच्चों के माता-पिता से संपर्क कर सकते हैं और उनसे अपने बच्चों के व्यवहार को नियंत्रित करने का अनुरोध कर सकते हैं। पति-पत्नी दोनों पड़ोसियों के साथ इस तरह की चर्चा के लिए जाएं तो बेहतर है। हालांकि, आपको संवेदनशील होना चाहिए कि आप यहां आवाज न उठाएं और बच्चों के सामने पड़ोसियों से न लड़ें।

हालांकि, अगर पड़ोसियों के साथ उनके बच्चों के व्यवहार के बारे में बातचीत करना काम नहीं आता है, तो आप हाउसिंग एसोसिएशन से संपर्क कर सकते हैं और उनसे शिकायत कर सकते हैं। आप भी उपाय कर सकते हैं ताकि आपकी संपत्ति

और आपके अपने बच्चे सुरक्षित रहें और पड़ोसियों के बच्चों के साथ कोई भी घटना दोबारा न हो।

ऐसे उपायों के उदाहरण हैं: अपने बच्चों को लावारिस न छोड़ना, या ऊंची चारदीवारी स्थापित करना या सीसीटीवी कैमरे लगाना। यदि इनमें से कोई भी काम नहीं करता है, तो आप पुलिस से संपर्क कर सकते हैं। हालांकि पुलिस से संपर्क करना उचित नहीं है और इसे केवल अंतिम उपाय के रूप में किया जाना चाहिए, क्योंकि बच्चे नाबालिग हैं और इसलिए कानूनी रूप से जिम्मेदार नहीं हैं।

बच्चों द्वारा किए गए किसी भी नुकसान के लिए, उनके माता-पिता को जिम्मेदार ठहराया जा सकता है और उन्हें नुकसान के लिए भुगतान करने के लिए कहा जा सकता है।

7.3 पालतू जानवरों से संबंधित समस्याओं का समाधान

बिल्ली और कुत्ते जैसे पालतू जानवर भी समस्या पैदा कर सकते हैं, चाहे वह आपके अपने पालतू जानवर हों या पड़ोसियों के पालतू जानवर। यहां भी वही सिद्धांत लागू होता है: पहले बातचीत से चीजों को सुलझाने की कोशिश करें। सबूत रखें, जैसे पड़ोसियों के पालतू जानवरों की सीसीटीवी फीड।

पालतू जानवरों से संबंधित कुछ लागू कानून हैं। पशु क्रूरता निवारण अधिनियम, 1960 के तहत आम तौर पर जानवरों को संरक्षित किया जाता है। जानवरों के साथ समस्याओं की सूचना पशु कल्याण बोर्ड को दी जा सकती है।

आपको यह सुनिश्चित करना चाहिए कि आपके अपने पालतू जानवर और पड़ोसी पालतू जानवर कानूनों का पालन कर रहे हैं। विशेष रूप से, कुत्तों को तब तक इधर-उधर भागने के लिए स्वतंत्र नहीं होना चाहिए जब तक कि वे आम क्षेत्रों में एक पट्टा पर न हों, जहां वे लोगों को काट और चोट पहुंचा सकते हैं। कुत्तों को पट्टा पर रखना मालिकों की जिम्मेदारी है और वे अपने पालतू जानवरों से होने वाले किसी भी नुकसान के लिए उत्तरदायी हैं। मालिक अपने पालतू जानवरों द्वारा छोड़े गए किसी भी मल को साफ करने के लिए भी उत्तरदायी हैं।

निष्कर्ष

पिछले अध्यायों में, हमने कुछ प्रकार की समस्याओं के साथ-साथ उन समाधानों पर भी विचार किया है जो परेशानी पैदा करने वाले पड़ोसियों के साथ प्रयास कर सकते हैं।

हैप्पीनेस के शोधकर्ता मिक वाइकिंग ने अपनी पुस्तक "ल्यके" में पाया कि दीर्घकालिक खुशी पाने के तरीकों में से एक ऐसे पड़ोसी हैं जो हमारा समर्थन करते हैं और जिन पर हम हमेशा जरूरत के समय भरोसा कर सकते हैं। लेकिन अगर हम ऐसे पड़ोसियों से परेशान हो जाते हैं जो हमेशा हमारे लिए मतलबी होते हैं या विभिन्न प्रकार से परेशानी पैदा करते हैं, तो यह हमारे जीवन की गुणवत्ता को कम कर सकता है, हमारे मानसिक और शारीरिक स्वास्थ्य को प्रभावित कर सकता है और अनावश्यक तनाव का कारण बन सकता है। परेशान या शोरगुल वाले पड़ोसी कभी-कभी हमारे घर या फ्लैट के पुनर्विक्रय मूल्य को भी कम कर सकते हैं।

इसलिए, हमारे लिए यह सुनिश्चित करना आवश्यक है कि हमें अपने पड़ोसियों के साथ अच्छा अनुभव हो। हमें आक्रामक नहीं होना चाहिए बल्कि शांत और एकत्रित दिमाग से उपायों और कदमों का पालन करना चाहिए, और समस्याओं के बढ़ने से पहले जितनी जल्दी हो सके कार्रवाई करनी चाहिए।

www.ingramcontent.com/pod-product-compliance
Lightning Source LLC
LaVergne TN
LVHW050423160726
843469LV00041B/1205

* 9 7 8 9 3 5 6 1 0 2 3 7 8 *